Traumvergessen

An meine Frau Rosalinde

Liebesgedichte

Bibliografische Information der Deutschen Nationalbibliothek: Die Deutsche Nationalbibliothek verzeichnet diese Publikation in der Deutschen Nationalbibliografie; detaillierte bibliografische Daten sind im Internet über dnb.dnb.de abrufbar.

© 2016 Traumvergessen
alias Gerhard Schnitzler

Herstellung und Verlag:
BoD - Books on Demand, Norderstedt

ISBN: 9783739243146

In Liebe für Rosi

Inhalt

Ich sehe dich I	13
Zärtliche Umarmung	14
Im Strom der Zeit	15
Der Kuss I	16
Später Frühling	17
Ganz weit am Horizont	18
Ganz viel Liebe	19
Ich möcht'	20
Traumperlen	21
Ich liebe dich I	22
Liebeslager	24
Es blinkt ein Stern	26
Mein Mantra	27
Erträume dir deine Welt	28
Es ist gut	30
Überraschung	31
Nur für dich	32
Weites Land	34
Du bist da	35
Im Lichte der Sterne	36
Festgefahren	37
Achterbahn	38
Ein spätes Gedicht	39
An einem Abend wie diesem	40
Wenn es dich nicht gäbe	42
Schneid' tief in meine Seele	44

Ein Traum	45
Lass den Himmel für dich tanzen	46
Da wo wir sind	48
Nicht zu fassen	49
Solange ich lebe	50
Ich schau' dir in die Augen	52
Ohne Namen	53
Ganz tief	54
Verzückt	56
Meine Sonne	57
Meine beste Freundin	58
Fest verbunden	60
Kuscheln	61
Du gibst mir des Himmels Blau	62
Höhenflug oder der Schutzengel	64
Mein kleiner Seelenvogel	65
Ich liebe dich II	66
Im Rauschen des Meeres	67
In der Weite des Raums	68
Genieße den Augenblick	69
Du und ich	70
Sehnsucht	71
Liebende Hände	72
Liebe mit allen Sinnen	73
Du bist wieder da	74
Male Herzen in den Sand	75
Dein Bild in mir	76

Sehnsucht	77
Lass Wärme zu	78
Eintauchend	79
Ich glaube an dich	80
Deine Augen	81
Seelenorgasmus	82
Ein Lächeln für dich	84
Lauf	86
Die Musik spielt	87
Hi Baby	88
Je t'aime ma chèrie	91
Dort	92
Alles was du brauchst ist Liebe	93
Du - wer bist du?	94
Ich vermisse dich	97
Ich dachte	98
Strandliebe	99
Im Sand die Füße	100
"Du" sagte ich	101
Erste Liebe	102
Ist sie noch da?	103
Flügel im Wind	104
Ich träume mit offenen Augen von dir	105
Schöne Gedanken	106
Einfach schön	107
Weil ich dich liebe	108

Nur für dich	110
Wenn dich meine Gedanken streicheln	112
Geh mit mir	113
Wenn nichts mehr geht	114
In mir klingt ein Lied	116
Ich fühle dich	118
Meine Liebste	120
Schöne Zeit	122
Du	123
Was bin ich mir wert - Was bin ich dir wert?	124
Seeliebe	126
Enttäuschung	128
Dein Blick	130
Immer wieder	131
Gesetzt den Fall	132
Begegnung - Liebe	133
Süße Träume	134
Augenblicke	135
In der Stunde	136
Verständnis	137
Mein Kapitän	138
Sprich mit mir	139
Lass gut sein	140
Liebe am Strand	141
Am Horizont	142
Schweben - leicht wie ein Vogel	143

Einfach traumhaft	144
Ungesagte Worte	145
In meinen Armen	146
Hoffnungslos?	147
Zärtliche Gedanken	148
Romantische Liebe	149
Ich sehe dich II	150
Kleine weiße Wolke	152
Waldeslust	153
Von Meereswellen umspült	154
auf, auf	155
Mein Sonnenschein	156
Dein Duft	157
Seelenverwandtschaft	158
Der Tanz	159
Unendlich ist die Liebe	160
Herz	161
Weg - wie weit?	162
Die Post geht ab	163
Zeit für die Liebe	164
Traum im Wind	165
Ja, ich will I	166
Wie im Himmel	167
Ich liebe dich III	168
Ein Wunsch	169
Neues Verlieben	170
Ja, ich will II	171

Der Kuss II	172
Ich lasse los	173
Meine schöne Zeit mit dir	174
Streicheleinheiten	178
Ist wirklich schon alles gesagt?	179

Ich sehe dich I

Unsere Gedanken vereinen sich
im Universum der Liebe.
Träumend gehen wir
durch diese Welt,
tauschen Ängste und Sorgen aus,
halten einander fest,
ohne gemeinsam unter zu gehen,
halten uns nicht fest
wie Ertrinkende,
sondern lassen die Liebe tanzen
in den sonnigen Himmel,
wo Träume wahr werden.

Zärtliche Umarmung

Zwei Augenpaare berühren sich
tiefschweigend, sehnsuchtsnah
ins Du und ins Ich.
Arme öffnen sich,
umgreifen einander,
schmiegsam betörend,
zärtlich kuschelnd.

Im Strom der Zeit

Im Strom der Zeit
in gewaltigen Wellen
schwimmt die Sehnsucht
hinaus ganz weit
in wilden Stromschnellen
in eine Meeresbucht.

Gespült an den Meeresstrand
in tiefem heißen Sand,
in hoher Palmen Schatten,
der Vögel lauschigem Gesang
liegen die Träume.

Der Kuss I

Eng umschlungen
zartes Verlangen
pochend die Herzen
Mund auf Mund
tief eintauchend die Seelen
züngelndes Umarmen:
erschließt sich
die Lust am Leben,
die Lust auf mehr.

Später Frühling

Im Rhythmus der Wellen
entlang am Strand,
rauschend und säuselnd und tosend.
Im Rhythmus der Gezeiten
die Füße im Sand,
zwei Herzen vereinend liebkosend.

Später Frühling

Ganz weit am Horizont

In weitester Ferne
sehe ich Sterne
zum Greifen nah.

Du bist da,
mein Stern.
Ich schaue zu dir
und dann sind sie mir
gar nicht mehr fern.

Ganz viel Liebe

Ist man einmal in großer Not,
Es schmerzt und schmerzt,
Man ist fast tot.
Das Herz schlägt schnell.
Die Angst geht um.
Die Nacht wird hell.
Sie geht nicht 'rum.
Man glaubt das Leben ist vorbei
Und alles ist es ganz einerlei.
Die Gedanken wandern von Ort zu Ort
Sind düster und gehen gar nicht fort.
Da - nicht weit weg eine
Handbreit entfernt
Spürst du es warm:

Ein Herz brennt für dich,
Hält dich im Arm,
Weint bitterlich,
Gibt dir viel Kraft,
Spendet Freude und Trost
Und ganz viel Liebe.

Ich möcht'

Ich möcht' was ich will
und will was ich brauch.
Ist es Liebe ist es Leid,
ist es Freude ist es Schmerz?

Ich brauch dich
mein Lieb,
mein Herz gehört dir.
Ich möcht Freude
mit dir,
den Schmerz will ich auch.

Und sind wir zusammen
in Freud und in Leid,
halten fest unsre Hände,
schauen gemeinsam in den Himmel,
wo wir sind und wo wir waren.
Nichts wird uns trennen,
allezeit.

Traumperlen

Leuchtend braune Augen,
so klar und schön,
strahlen im Lichte der Sonne.

Leuchtend braune Augen
schauen verklärt
in den wolkenfreien Himmel.

Leuchtend braune Augen
träumen den unendlichen Traum
von Liebe und Zärtlichkeit.

Leuchtend braune Augen
spiegeln sich
in den graugrünen Augen des
Gegenübers.

Leuchtend braune Augen
glitzern wie Traumperlen
im Seelengeflecht der Liebe.

Ich liebe dich I

Ich liebe dich
sind meine Worte,
Tag für Tag:
am Morgen,
am Abend,
bei Nacht.

Ich liebe dich
sind meine Gefühle,
Tag für Tag:
am Morgen,
am Abend,
bei Nacht.

Ich liebe dich
sind meine Gedanken,
Tag für Tag:
am Morgen,
am Abend,
bei Nacht.

Ich liebe dich
mein ganzes Leben:
Tag für Tag,
am Morgen,
am Abend,
bei Nacht.

Ich liebe dich
wenn es Nacht wird:
Tag für Tag,
am Morgen,
am Abend,
vorbei?

Liebeslager

Auf Rosen gebettet,
liege ich ganz weich.
Doch ach die Stacheln
gehen tief ins Fleisch.
Blut fließt - tropft in den Schnee.
Rot färbt sich das Weiß.
Rot ist die Rose,
die für mich blüht;
die mich zudeckt,
wenn's mir kalt ist;
die mir zuhört,
auch wenn ich Quatsch rede;
die bei mir ist,
wenn ich einsam bin;
die mich streichelt,
wenn ich Zärtlichkeit brauche;
die mich küsst,
damit ich aus dem
Dornröschenschlaf
erwache.

Ich liebe ihren Duft,
wenn ich ihr Haar küsse.
Ich liebe ihre weiche Haut,
die mir Wärme spendet.
Ich küsse sie.
Die Stacheln können mir
nichts anhaben.
Rosen ohne Stacheln
wären keine Rosen.
Ich pflücke sie nicht,
lass sie blühen,
Sommers wie Winters.
Ich liebe Rosen.
Auch wenn es keine
einfachen Gewächse sind:
denn sie brauchen viel Pflege:
Aber dann bereitet mir die Traumrose
ein edles Lager
voller Liebe,
Hingabe
und Zärtlichkeit.

Es blinkt ein Stern

Es blinkt ein Stern,
versteckt sich hinter mir.
Ich hab dich gern
mein lieber Stern.
Ach Stern ich danke dir.

Wo kommst du her
mein lieber Stern?
Verstecken gilt hier nicht.
Bist erst bei mir
mein lieber Stern,
bist du mein Sonnenlicht.

Mein Mantra

Wenn mich der Schmerz berührt,
die Seele entführt,
mein Herz zu Eis erstarrt:

hilft mir die Liebe
ganz warm, weich und zart.

Erträume dir deine Welt

Der Himmel voll Sterne,
so hell und klar.
Was ist und was war,
sei es nah oder ferne,
ist es Herzeleid oder Glück,
es kommt niemals zurück.

Siehst du das Licht?
Du weißt es nicht,
ob der Stern noch glüht,
ob dort eine Blume blüht,
nur für dich.

Wenn du lebst deinen Traum,
dein Horizont ist weit,
bist du bereit
für das Lebensglück.

Die Blume auf dem Stern
sprießt bunt und schön,
sie wird nie vergehn,
ist der Stern noch so fern.

Erträume dir deine Welt schön.
Du wirst immer etwas finden,
was zum Glück führt.
Du musst es nur sehn.

Es ist gut

Es ist gut,
wie du mich anschaust.
Es ist gut,
wie du in meinen Armen liegst.
Ein schönes Gefühl
ganz nah beisammen zu sein.

Es ist gut,
wie wir zusammen reden.
Es ist gut,
wie wir zusammen schweigen.
Es ist gut,
dass wir zusammen sind.

Es ist gut.

Überraschung

Jeder Tag ein neues Leben.
Jeder Tag ein neues Glück.
Jeder Tag der dir gegeben,
Jener Tag kommt nie zurück.

Jeder Tag mit sehr viel Hoffnung.
Jeder Tag mit Sorgenblick.
Jeder Tag ein bisschen älter.
Jeder Tag ein wenig kälter.
Jeder Tag braucht trotzdem Wärme.
Jeder Tag braucht keine Härme.
Jeder Tag braucht ab und zu
Eine kleine Überraschung, nu?

Nur für dich

Ich schreibe diese Verse
nur für dich.

Auch wenn du sie
nicht lesen solltest,
sie sind nur für dich,
auch wenn sie dir
nicht gefallen.

Und dennoch möchte
ich sie niederschreiben.
Nein, es sollen kein Pathos,
keine Liebesergüsse sein
und auch kein
Alltagsgeschwätz.

Die Verse sollen
wiedergeben,
wie sich unser Leben
gestaltet.

Gemeinsam nicht einsam:

Sie sollen dir sagen,
was ich empfinde,
wenn ich über uns schreibe.

Aber was kann ich schreiben,
was ich noch nicht gesagt hätte:
zum Beispiel, wie ich
es genieße, dein
Gesicht anzuschauen,
deine Mimik:
wenn du lachst
gar nicht lautlos
sondern schrill und
aus vollem Herzen;
wie du mich ansiehst,
bevor wir uns schlafen legen.

Ich bin froh,
dass wir uns haben.

Weites Land

Weites Land
am Meeresstrand,
am See und
in den Bergen,
im Wald,
im Zauberschloss.

Überall
genieße ich
meine Träume,
unsere Träume.

Du bist da

Du bist da,
wenn ich dich brauche.

Du bist da,
wenn ich deine Nähe suche.

Du bist da,
wenn rund herum Chaos ist.

Du bist da,
wenn ich traurig bin.

Du bist da,
bist immer da.

Wir sind füreinander da.
Das macht uns glücklich.

Im Lichte der Sterne

Schlaflos im Lichte der Sterne
treffe ich auf den Anfang.

Lange liege ich schon wach,
wende mich dir zu,
überdenke dieses und jenes,
sehe dich,
wie ich dich damals sah.

Wortlos nehme ich deine Hand,
spüre deine Wärme
und weiß:

Das Ende wird
wie der Anfang sein.

Festgefahren

Festgefahren.
Abgesperrte Gleise.
Kein Ausweg dort,
Wohin der Blick auch schaut.
"Zu schnell gefahren"
Sagt jemand ganz leise.
"Dein Glück nicht fest,
Auf Sand hast du's gebaut."

Nun steh' ich da,
Verloren in Gedanken.
Mein Weltbild schwankt.
Verloren schweift mein Blick.
Die Ferne kreist um dich.
Die Träume ranken.
Drei Schritte vor
Und zwei geht es zurück.

Achterbahn

hoffnungsfroh
eisheiss
siedendkalt
brennendheiss
eiskalt

hoffnungsfroh
liebevoll
hauchzart
eisheiss
siedendkalt:

Achterbahn

Ein spätes Gedicht

Als du zu mir sagtest,
dass deine Liebe zu mir unendlich sei,
ganz tief in deinem Herzen

als du zu mir sagtest,
dass sie nie mehr aufhören wird,
so lange dein Herz schlägt

als deine Liebe meiner begegnete
Tag und Nacht

als wir fühlten,
dass wir füreinander geschaffen sind,

konnte das Leben schöner nicht sein.

An einem Abend wie diesem

An einem Abend wie diesem
weißt du, dass das Leben
kein Wunschkonzert ist.

An einem Abend wie diesem
spürst du die zehrende
Sehnsucht in deinem Innern.

An einem Abend wie diesem
denkst du, warum Gegebenheiten
so unterschiedlich sind.

An einem Abend wie diesem
fragst du dich,
ob alles so wie es ist gut ist.

An einem Abend wie diesem
merkst du, dass sich vieles
nicht festhalten lässt.

An einem Abend wie diesem
weißt du nicht,
was der morgige Tag bringen wird.

Und dennoch ähnelt dieser Abend
vielen vorangegangenen Abenden.
Was ging verloren?

Wenn es dich nicht gäbe

Wenn es dich nicht gäbe,
müsste ich dich erfinden,
mein Schatz.
Aber so viel Fantasie
würde mir sicher fehlen,
da ich weiß,
wie du bist,
wie du mir fehlst,
wenn du nicht da bist,
wie wir uns brauchen.

Ich bin froh,
dass es dich gibt:
für mich,
für uns.

Unser Leben gestaltet
sich jeden Tag neu,
nicht langweilig
sondern erfrischend:

so wie der Morgentau
auf einer Blumenwiese
barfuß durchschritten;

so wie der Morgen
nach einer durchwachten Nacht;

so wie das wunderbare Gefühl
bei einer langen Umarmung.

Schneid' tief in meine Seele

Immerzu gibt es einen
Abdruck, der einen
tiefen Eindruck hinterlässt.

Schneid' tief in das Holz,
aber lass die Konturen stehen,
damit der grobe Klotz
sich verfeinert
in ein anmutiges Gebilde.

Schneid' langsam und schnell,
behutsam und heftig,
tief und an der Oberfläche.

Den Hintergrund schneid' tief.
Dann wird das Geschaffene,
das wir gemeinsam sind,
im Druck erst sichtbar.

Ein Traum

Sehnsüchtig der Gesang
der Sirenen,
taumelnde Schreie,
peitschende Wellen,
sengende Sonne am
blaugrünen Horizont.
Herzen entbrannt.
Hand in Hand
du und ich am
einsamen Strand.

Lass den Himmel für dich tanzen

Du lebst noch lange,
freust dich darüber.
In jeden Facetten
deines Daseins
lebst du,
siehst,
hörst,
riechst,
fühlst,
schmeckst du.

Du nimmst deine Umgebung
mit allen Sinnen wahr.
Lass los.
Spring in die Fluten.
Hab keine Angst
und lass los.

Lebe dein Leben
in allen Facetten.
Lass dich berühren
von der Liebe.
Betaste sie wie ein Kleinod.

Ob du auch hier loslassen kannst?

Da wo wir sind

Da wo wir sind
ist das Leben.
Da wo wir sind
geht die Sonne auf.

Da wo wir sind
ist es schön,
alle Zeit.

Da wo wir sind
hält die Zeit an:
Einsamkeit liegt
in weiter Ferne.

Nicht zu fassen

Die Zeit,
die uns noch bleibt,
ist nicht zu fassen.

Das Glück,
das wir haben,
ist nicht zu fassen.

Die Reise,
die wir
auf stille Weise
jeder für sich
ganz alleine machen werden,
ist nicht zu fassen.

Das, was am Ende bleibt,
ist nicht zu fassen.

Komm fassen wir uns an die Hand,
gehen gemeinsam durchs Erdenland
und lassen wir das Unfassbare
durch uns hindurch fließen.

Solange ich lebe

Solange ich lebe,
oder zu leben glaube,
denke ich an die
Zärtlichkeit mit dir.
Auch wenn wir älter werden,
ist Zärtlichkeit wichtig.
Oftmals nehmen wir sie
unterschiedlich wahr,
so wie Mann und Frau
halt unterschiedlich sind.

Manchmal vermisse ich
die Zärtlichkeit,
wie ich sie gerne hätte.
Doch dann denke ich daran,
dass nichts zu erzwingen ist.

Was bringt schon Zärtlichkeit,
die nicht aus dem Gefühl kommt.
Sie ist einseitig und tut
unserer beiden Seelen nicht gut.

Manchmal möchte ich,
dass du mich spiegelst.
Doch leider lässt sich nicht alles
in der Liebe erreichen.

Ich möchte nur glücklich sein,
brauche keine ewige Betriebsamkeit,
keine Anerkennung meines Daseins.

Ich brauche dich und mich.

Ich schau' dir in die Augen

Ich schau' dir in die Augen
und entdecke mich.
Graugrün und glänzend
schaut mich dein Augenpaar an.
Tief geht der Blick.
Aufreizend sehnsuchtsvoll
triffst du mich bis ins Mark.
Der Himmel tut sich auf.
Dein und mein ist das Glück.

Ohne Namen

Schau weit hinterm Horizont
leben meine Liebe und ich.
Dort wo's sich zu leben lohnt,
ist da wo die Liebe wohnt,
für meine Liebste und für mich.

Ganz tief

Ich umarme dich,
halte dich ganz eng,
küsse dich.
Berauschend schön der Kuss,
voller Liebe, voller Herzenswärme.

Fest umschlungen,
voller zärtlicher Gefühle,
voller sehnsüchtiger Gedanken,
schauen wir uns in die Augen.

So wie sich unsere Zungen berühren,
tastend und suchend,
wie sich unsere Hände
streichelnd bewegen,
auskostend und genießend,
haben wir uns unendlich lieb,
tun uns gut.

Unsere Blicke können nicht
voneinander lassen.
Ganz tief berührt sind unsere Seelen.

Wir schweben
immer und ewig
fest umschlungen,
lassen uns nicht los.

Verzückt

Wogendes Wasser
Umspült deine Haut.
Die Meeresbrandung
Verzückt deinen Anblick,
Lässt mein Herz
Schneller schlagen
In Erwartung der
Tosenden Gischt.

Meine Sonne

Fern am Horizont
leuchtest du mir.
Ich kreise um dich,
wärme mich an dir.

Manchmal bist du mir so fern
wie ein Stern aus einer anderen
Galaxie und ich fühle mich nicht
wohl in dem anderen Sonnensystem,
fernab von deiner Wärme.

Auch ich möchte deine Sonne sein,
mich von dir umkreisen lassen,
dich wärmen mit meiner
unendlichen Liebe.

Meine beste Freundin

Wie soll sie sein
meine beste Freundin?
So wie du,
so wie du.

Was soll sie tun
meine beste Freundin?
Was du tust,
was du tust.

Wie darf ich sie herzen
meine beste Freundin?
Wie ich es tu,
wie ich es tu.

Wie wollen wir uns küssen
meine beste Freundin?
Wie wir es tun,
wie wir es tun.

Wie wollen wir uns lieben
meine beste Freundin?
Du weißt es schon,
du weißt es schon.

Wo ist unser Himmel
meine beste Freundin?
Wo immer wir sind,
wo immer wir sind.

Fest verbunden

Wir kennen uns schon lange.
Immer mehr kreisen meine
Gedanken um dich
und wenn ich sage,
dass mein Herz brennt,
so ist das keine leere Floskel.

Die Liebe ist da
solange ich denken kann.
Sie lässt mich fliegen
zur höchsten Höhe
meines Lebens.

Wir umarmen uns fest:
Und dann fliegen wir gemeinsam
weit hinauf in den
unendlichen Himmel,
wo es keine Einsamkeit gibt.
Wir lieben uns - mehr nicht.

Kuscheln

Kuscheln,
zum Einschlafen schön.

Kuscheln,
wärmend und weich,
zum Festhalten schön.

Kuscheln,
liebevoll und zärtlich,
zum Knuddeln schön.

Kuscheln,
wuscheln durchs Haar,
erotisierend schön.

Kuscheln,
komm, lass uns kuscheln.

Du gibst mir des Himmels Blau

Es ist so schön mein Schatz,
deine Stimme zu hören.
Deine Worte erreichen
nicht nur mein Ohr,
sondern dringen tief
in mein Herz.

Wenn man schreibt,
"du gibst mir des
Himmels Blau"
so könnte das
kitschig klingen.

Sollte es so sein,
so sage ich nur,
diesen Kitsch könnte
ich immer um mich haben.

Aber es ist nicht kitschig.
Es ist eine tiefe Verbundenheit,
die unsere Leben aneinander knotet,
ohne gefesselt zu sein

Du bist du
und ich bin ich.
Manchmal bist
du auch ich
und ich bin du.

So kann es bleiben
bis ans Ende
unserer Zeit.

Höhenflug oder der Schutzengel

Auf des Meeres hohen Wellen
gleite ich.
Auf der Wolken dicken Polster
reite ich.
Auf der Berge höchsten Wipfel
schreite ich.
Mit des Himmels hohen Mächten
streite ich.
Auf des Glückes schmalen Flügeln
geleite ich
Dich.

Mein kleiner Seelenvogel

Flieg, mein kleiner Seelenvogel.
Flieg weit hinauf.
Tauch ein in des Himmels Blau.

Schwimm, mein kleiner Seelenfisch.
Schwimm weit hinaus.
Tauch ein in das kristallblaue Meer.
Lass dich verwöhnen von Gottes Natur.

Dein Engelskleid steht dir gut,
mein kleiner Seelenvogel,
mein bunter Seelenfisch.
Es passt gut zu deinem Leben in der
Unendlichkeit.

Auch wenn ich noch nicht
bei dir sein kann,
mein kleiner Seelenvogel,
mein bunter Seelenfisch,
wirst du meine -
werd' ich deine -
Nähe spüren,
pocht dein Herz an meinem,
berühren sich unsere Lippen
zu einem unendlich zärtlichen Kuss.

Ich liebe dich II

Ich rieche
den vertrauten Duft
deines Körpers,
atme ihn tief ein.

Mit geschlossenen Augen
begegne ich deinen zarten Lippen,
berühre sie sanft,
necke sie mit meiner Zunge.

Ich halt dich fest im Arm.
Warm ist dein Körper,
rund und weich.

Im Rauschen des Meeres

In tosender Brandung
begegneten wir uns.
Ein Auf und Ab
wilder Gefühle.

In tosender Brandung
teilten wir unser Glück,
ließen wir unseren
Körpergefühlen freien Lauf.

Auf glattem Meeresspiegel
mehrte sich unsere Liebe,
hielten wir uns fest,
Hand in Hand.

In der Weite des Raums

In die Weite des Raums
lasse ich meine Gedanken fliegen.
In der Weite der Zeit
werden sie zeitlos,
entfernen sich
von den Mühen des Alltags,
geben neuen Träumen Raum,
lassen mich auf Wolken schweben
und machen mich glücklich.

In die Weite des Raums
lasse ich meine Gedanken fliegen
zu dir,
in der Nähe meines Ichs.

In der Nähe des Raums
umarmst du mich,
streichelst meine Gedanken
und gibst mir wunderschöne Gefühle.

In die Weite des Raums
lasse ich meine Gedanken fliegen.
In der Weite der Zeit
werden sie zeitlos
und vermehren mein Glück.

Genieße den Augenblick

Genieße den Augenblick.
Lass dich gehn.
Blick nicht zurück.
Bleib nicht stehn.

Schau nicht auf die Uhr.
Sei nicht stur.
Gib dir einen Stoß
und las los.

Nimm mich in den Arm.
Halt mein Herz schön warm.
Breite deine Flügel aus.
Bleib bei mir zu Haus.

Genießen wir den Augenblick
und lassen uns gehn,
schauen gern zurück,
aber bleiben nicht stehn.

Du und ich

Deine Hand in meiner Hand.
Dein Kopf auf meiner Brust.
Deine Liebe in meinem Herzen.
Mein Kuss auf deinem Mund.
Mein Atem auf deiner Haut.
Unser Verlangen groß und vertraut.

Sehnsucht

Ich schließe meine Augen
und ich sehe dich.
Ich öffne meinen Mund
und ich schmecke dich.
Ich neige mein Ohr
und vernehme dich.
Ich öffne mein Herz
und berühre dich.

Liebende Hände

Hände die für dich da sind
in Freude und Leid,
Hände die dich umsorgen
zu jeder Zeit.

Hände die dich tragen
an leidvollen Tagen,
Hände die dich streicheln,
dir liebevoll schmeicheln.

Hände die warm dich drücken,
deinen Blick entzücken.
Hände die dir schreiben,
dass sie bei dir bleiben.

Liebende Hände bringen behände
vieles zu Ende,
sind der Anfang vom Glück,
lassen dich nie zurück.

Liebe mit allen Sinnen

Unsere Blicke treffen sich.
Deine Augen spiegeln sich
in den meinen.
Vorsichtig begegnen sich
unsere Lippen im
umzüngelnden Kuss.
Salzig der Geschmack.
Schneller wird der Atem.
Heftig pocht das Herz.
Haut an Haut.
Es wird heiß.
Nähe gewinnt.

Du bist wieder da

Oh wie lang ward mir die Zeit,
als du weiltest in der Ferne,
zählt am Himmel viele Sterne.
Zeit ward mir zur Ewigkeit.

Hörte oft die Amsel singen,
morgens früh und abends spät.
Melodisch ihre Strophen klingen
liebevoll und werbend schön.

Male Herzen in den Sand

Wenn schlimme Schmerzen
dich begleiten,
dein Lebensmut verrinnt,
steh ich an deiner Seite,
reich fest dir meine Hand.
Male Herzen in den Sand,
wo unser Leben neu beginnt
am liebevollen, liebestollen Strand.

Dein Bild in mir

Wenn ich die Augen schließe,
den Augenblick genieße,
beginnt dein Bild in mir
zu leben.
Meine Gedanken voll im Griff
bemächtigt es sich meiner,
lässt meine Gefühle tanzen,
gibt meinen Träumen
weiten Raum,
küsst meine Seele.

In der Tiefe unserer
Verbundenheit,
auf dem Grunde
unserer Seelen,
begegnen wir uns,
Tag und Nacht,
Nacht und Tag,
sei es dunkel oder hell,
hell oder dunkel.

Sehnsucht

Ich suche das Sehnen:

Sehnen nach Geborgenheit
und Liebe.
Sehnen nach zärtlichen Umarmungen.
Sehnen nach der Wärme
deines Körpers.
Sehnen nach Verbundenheit
unserer Seelen.
Sehnen nach dem Gleichklang
der Gefühle.
Sehnen nach nicht enden
wollender Spannung und
Entspannung
in wolllustiger
Vereinigung.

Lass Wärme zu

Komm lass einfach
die Sterne fallen.
Lass der Sonne
ihren Lauf.

Sieh nach
auf dem Boden
des Meeres.

Sprich den Mond
nicht an.
Lass seinen kalten Schein
an dir abprallen.

Schau in dein Herz und
lass Wärme zu.

Eintauchend

Eintauchend
in wellenloses
tiefes stilles Wasser
Eintauchend
in lichtstarkes Dunkel
ferner Galaxien
Eintauchend
in eisig kalte Mondkrater
Eintauchend in
sonnenheiße Strandburgen
Eintauchend
in knirschenden Sand
Eintauchend
in wohlig süße Träume

sitze ich hier und
schreibe diese Zeilen

sonnenheiß
mondkalt
am Sandstrand hockend.

Ich glaube an dich

Wenn du meinst,
dass deine Realität
auch die der Anderen ist,
wenn du weinst,
weil die Anderen
deine Realität verkennen
und sie dich
einen Träumer nennen.

Als du hofftest,
dass deine realen Träume
nicht ignoriert werden würden,
fiel es dir ein,
dass nicht sein darf
auch nicht sein kann

Selbst wenn der Schein trügt,
die Mitmenschen belügt,
der Mächtigen Macht
dich deiner Träume beraubt,
sei dein Glaube an dich
unerschüttert.
Sei nicht verbittert.
Ich glaube an dich.

Deine Augen

Deine Augen sind
ausdrucksstark schön.
Sie verraten mir deine Liebe.
Durchdringend schauen sie mich an.
Sie blicken neugierig,
treu, sehnsüchtig, herzlich.
Sie zeigen mir die Welt,
die meinen schönsten
Träumen entspricht.

Ich schau dich an
und hoffe,
dass das, was ich sehe,
sich für dich
spiegelt.

Seelenorgasmus

Du, ja du.
Bist du ich
und bin ich du?

Glaubst du an mich?
Fühlst du wie ich?

Denkst du immerzu
an mich,
wie ich an dich?

Trägst du
meine Liebe in dir?

Deine Umarmungen sagen mir,
dass deine Wärme
mein Leben ist.
Zeig mir, wenn du
mich vermisst,
dass deine Gefühle eintauchen
in die Sehnsucht
meiner Seele,
in die Hitzewallungen
meines Körpers.

In körperlicher Seelenvereinigung
berauschen wir uns
an Gefühlen,
tiefer als der höchste
Orgasmus je sein könnte.

Ein Lächeln für dich

Ein Lächeln für dich
ist auch ein Lächeln für mich.
Tu ich dir gut,
so ist es auch gut für mich.
Bin ich für dich da,
so bist du es auch für mich.
Unsere Gedanken
gehen dieselben Wege.
Unseren Gefühlen
geht es ebenso.
Wenn ich an etwas denke,
so sprichst du es aus.
Es ist Liebe mit
guten Gefühle füreinander.
Es ist mehr als Glück.
Es ist einfach nur
unsere Welt,
die uns für immer
zusammenhält.

Wenn du sagst
"ich liebe dich",
so ist es wie
ein Vogelkonzert
in der Hochzeit des
Frühlings.

Wenn ich sage
"ich liebe dich",
so bringt mir das
ein Gefühl der Wärme.

Egal wie lange
es noch dauert,
so wie es jetzt ist,
ist es gut
und so wird es
auch bleiben
bis in alle Zeit.

Lauf

Lauf
bevor das Leben geht.
Lauf so schnell du kannst.
Lauf in den Himmel,
wo die Liebe ist.
Bleib nicht stehn.

Lauf weiter,
eh das Herz dir bricht.
Egal was kommt:
Lauf.

Die Musik spielt

Die Musik spielt leise
im Takt eine Weise,
die nachdenklich stimmt.

Schwungvoll und heiter
geht es dann weiter,
bis sie verklingt.

Beim letzten Ton
glaubst du schon,
ab ist der Glanz.

Doch dann spielt sie weiter,
ganz leise und heiter.

Hi Baby

Was meinst du
Du seist dafür zu alt?

Nur mit zwanzig und vielleicht
bis maximal vierzig
sei das opportun?

Hast du dich einmal gefragt,
was du mit zwanzig empfunden hast?
Siehst du es heute verklärt
und meinst, das sei nicht mehr
zu toppen?

Glaubst du das wirklich?

Meinst du mit sechzig
siebzig oder achtzig
geziemt sich das nicht mehr?

Warum?

Die Gefühle können
mit sechzig siebzig oder
achtzig sehr viel intensiver sein.

Frei von der Bürde
der Jugend und der
Aufbaujahre könnte
sich das Gefühlsleben
gerade in diesem Alter
sehr viel besser gestalten lassen.

Warum zaudern?

Nein, das ist nicht angemessen.
Im Alter macht man das nicht (mehr)!

Warum?
Wer bestimmt das?

Vielleicht die Jugend,
an der man sich selbst misst?

Ach was!
Lass diese Vorurteile.
Probier es doch einfach aus.

Warum sich in Krankheiten und
Grübeln verlieren?
Das darf nicht sein!
Krankheiten kommen von selbst.
Man sollte ihnen nicht so viel
Bedeutung beimessen.

Hi Baby!
Komm setz dich auf
meine Harley und
brause mit mir davon.

Dann wirst du sehen:
Gerade das Alter
bringt die wertvollsten
Genüsse.

Glaubst du nicht?
Dann lass es!
Du bist schließlich
dein eigener Regisseur,
oder etwa nicht?

Je t'aime ma chèrie

Mit dir gehe ich
durch dick und dünn,
mon amie.

Ma petite amie,
ich bin für dich da,
mon intime,
dir immer nah.

Für dich schlägt mein Herz,
mon amour.

Auch wenn du mir nah bist
sehne ich mich nach dir,
mon trésor.

Je t'aime ma chèrie.

Dort

Dort wo du bist,
bin ich auch.

Dort wo du mich suchst,
suche ich dich auch.

Dort wo du mich liebst,
liebe ich dich auch.

Dort wo wir zusammen sind,
sind wir glücklich.

Alles was du brauchst ist Liebe

Alles was du brauchst ist Liebe.
Ohne Liebe gibt es kein Leben.
Meine Liebe gehört dir ganz allein,
egal was du immer tust.
Ich bleibe bei dir
ein Leben lang,
solange du mich willst.
Alles was ich brauch' ist Liebe.
Deine Liebe ist alles für mich.
Ohne deine Liebe
könnte ich mir
mein Leben nicht vorstellen.
Du bist der Mittelpunkt meines Lebens.
Alles was wir brauchen ist Liebe.
Es tut uns gut,
dass wir zusammen sind.
Die Welt spiegelt sich
in unserer Wahrnehmung,
dass niemand von uns ohne
den anderen sein kann.
Unsere Liebe ist der Himmel auf Erden.
Mehr Himmel brauchen wir nicht.

Du - wer bist du?

Du .
Ja ?
Ich bin da.
Ja, du bist da.
Bist du immer bei mir?

Ja, ich bin immer bei dir.
Immer ?
Immer !

Wenn es dir gut geht,
dann bemerkst du mich kaum.
Du bist glücklich
und ich genieße es mit dir.

Aber - was ist,
wenn es mir nicht so gut geht?

Oh ja - dann bin ich
erst recht bei dir.

Wie kann das sein?
Ich sehe dich doch gar nicht.

Ach was, du brauchst
mich auch gar nicht zu sehen.
Du spürst es einfach,
dass ich da bin.

Es geht eine große Wärme
von mir aus.
Wenn du traurig bist,
tröste ich dich.
Wenn du Schmerzen hast,
halte ich deine Hand.

Du brauchst es gar nicht
zu wissen, wer ich bin
Ich bin einfach da.

Nenn' es wie du es willst.
Nenn' mich Schutzengel.
Nenn' mich Gott.
Nenn' mich einfach nur
Du.

Wenn es soweit ist,
dass es nicht weiter geht,
auch dann bin ich da.
Du wirst mich spüren.
Ob du mich dann sehen wirst,
weiß ich noch nicht.

Aber ist das nicht egal?

Du ?
Ja ?
Ich bin da!
Schön!

Ich vermisse dich

Weißt du nicht,
wie sehr ich dich vermisse ?
Mehr als mich selbst!

Weißt du nicht,
was mehr ist als ich selbst,
mehr als das große weite Meer,
mehr noch als all die vielen
Sterne am Himmel,
mehr als mein tägliches Brot?

Das bist Du!

Ich dachte

Ich dachte daran,
dass was nicht sein darf,
auch nicht sein kann.

Ich dachte immer wieder,
so muss es wohl sein.
Wie schön es wär,
wär ich nicht mehr allein.

Ich dachte an Menschen,
die mir nahe sein sollten,
die mir nahe sein könnten,
wenn sie es nur wollten.

So höre ich nie
mehr auf zu denken.
Im Kreislauf der Gefühle
möcht' Freude ich schenken,
möcht' Freude bekommen,
und nie mehr allein
und nimmermehr möchte ich
einsam sein.

Strandliebe

Ich liebe es,
am Strand zu sitzen,
den Wellentanz zu sehen.
Ich liebe es,
durch den Sand zu gehen
und weit und breit
nichts zu vernehmen
als nackte Natur.
Einsamkeit,
im Traume zu zweit,
romantisch im Sand deine Spur.

Ich liebe es,
die Augen zu schließen,
den Geruch deiner Haut,
in deinen Augen das Blitzen,
alles will ich genießen.

Im Sand die Füße

Im Sand die Füße
tausend Küsse
das Meer in mir.

Tobende Wellen
schnellen
strandwärts.

Auf den Wellen rasen
lassen
mich meine Träume.

Sonnenwärts
streben
leben.

Heißkalt.
Landwärts
geht die Fahrt.

"Du" sagte ich

"Du" sagte ich,
"kannst du's verstehn,
dass ich mich sehne wie noch nie.
In jedem Gedanken, den ich fasse,
sehe ich nur dich.
Dann merke ich,
wie sich alles um dich dreht
und kein Gedanke je versteht,
wie's Gefühl sich eigenständig macht
und wie es über den Gedanken lacht".

"Ach" sagst du.
"Lass das wirre Zeug.
Es ist die Liebe nur
und nicht die Spur
von klaren Gedanken.
Mach dein Gefühl klar.
Dann wirst du's gewahr,
dass es mir genauso geht wie dir.
Ich liebe dich und kann auch nichts da-
für".

Erste Liebe

Ein verstohlener Blick.
Heiß das Herz.
Es brennt wie Feuer.
Hoch lodern die Flammen,
ungelöscht,
unschuldig und voller Sehnsucht.
Einsame Spaziergänge im Wald.
Ein leises Hoffen,
der Angebeteten zu begegnen
Nicht ahnend, was geschehen ist,
verzaubert der Gedanke
an die Angebetete
jeden Augenblick.

Nein, ansprechen,
das geht nicht.
Anhimmelndes Schauen,
viel zu schüchtern.

Das Gefühl ist geblieben,
wehmütig und schön
ist es heute noch da,
ist Teil der Liebe geworden:
erhört und erfüllt.

Ist sie noch da?

Fragst du dich, wo die Liebe wohnt,
spürst du seine Hand?
Zweifelst ob sich Liebe lohnt,
ist die Liebe verbannt?

Ist sie Schnee von gestern?
Ist die Hand zu kalt?
Lebt ihr wie Bruder und Schwester?
Fühlt ihr euch zu alt?

Ist die Hitze gewichen
einer frostigen Nacht?
Ist die Liebe verblichen?

Wünschst du sie wäre noch da?
Spürst du die Hand, die dich liebt,
wie sie dich streichelt und Wärme gibt!

Flügel im Wind

Hängende Flügel
greifen nicht im Wind.
Nur wenn sie stehen,
geht es geschwind
in luftige Höhen.

Es weht das Haar.
Von Frische umschmeichelt
bewegt sich die Seele
in Freude gewogen.

Ich träume mit offenen
Augen von dir

Hand in Hand.
Meeresstrand.
Weit ist das Meer.
Ein Blick hinaus
ist traumhaft schön.

Wellen
rollen leise
auf den Sand.

Blau ist der Himmel.
Palmen biegen sich
sanft im lauen Wind.
Würzig ist die Luft.

Die Sonne steht im Zenit,
erwärmt Körper, Seele, Herz.
Ein verliebter Blick in die Augen
des Gegenübers.

Gemeinsam
lauschen dem
Rauschen.
Gemeinsam träumen.

Schöne Gedanken

Ich denke daran,
was mir gut tun kann.
Dabei denke ich an dich.
Dann freue ich mich.

Es gibt keine Zeit,
die schöner sein kann,
als die Zeit mit dir.
Zeit wird zur Ewigkeit,
bist du bei mir
und strahlst mich an.

Ach, Schatz,
könnte ich die Zeit
anhalten
und dich immerzu umarmen.
Wir würden dann
schalten
und
walten,
wie es uns gefällt,
bis in alle Ewigkeit.

Einfach schön

Wir schauen uns an,
Auge in Auge,

tief.

Mund auf Mund.
Hände greifen einander,
drücken fest und fester,
streicheln.

Es sind Gefühle
zum Sterben schön,
die sich tiefer und tiefer bohren
in eine Welt
höchsten Empfindens,
voller Liebe,
voller (Ent)Spannung.

Weil ich dich liebe

Weil ich dich liebe,
dreht sich die
Sonne um die Erde,
tanzt mein Herz
im Takt der Sterne.

Weil ich dich liebe,
brennt meine Seele
wie ein feuerspeiender Vulkan.
Alle Wasser der Ozeane
können ihn nicht löschen.

Weil wir uns lieben,
tanzen wir unter
sengender Sonne
im heißen Sand
den Strand entlang.

Im Spiel der wogenden Wellen
lieben wir uns ekstatisch
im wirbelnden Orkan
bis zur erlösenden Entspannung.

Weil wir uns lieben,
liegen wir unter Palmen
im Himmel auf Erden.
Unser Stern leuchtet hell
am Firmament.

Nur für dich

Für viele ist Liebe
einfach nur kitschig.
Leider wird mit den
Gefühlen und überhaupt
viel Schindluder
getrieben.

Für mich ist Liebe
nicht nur ein Gefühl,
nicht nur das schöne
Gefühl des Verliebt seins.

Für mich ist Liebe
sehr viel mehr.

Für mich ist Liebe,
dich bewundernd anzuschauen,
auch wenn der Frühling
längst vorbei ist.

Für mich ist Liebe,
dich zu verstehen,
auch wenn meine
Gefühle eine andere
Sprache sprechen sollten.

Für mich ist Liebe
das Gefühl, nicht ohne dich
sein zu können.

Für mich ist Liebe,
auch noch dann
für dich da zu sein,
wenn ich das
Gefühl haben sollte,
dass wir uns verloren haben.

Für mich ist Liebe
deine Nähe zu genießen.

Für mich ist Liebe,
dass du einfach nur da bist,
dass ich dir meine Liebe
zeigen kann.

Für mich ist Liebe,
deine Wärme zu spüren.

Danke, dass du
für mich da bist.

Wenn mich deine Gedanken streicheln

Wenn mich deine Gedanken streicheln,
ist mein Herz voll von dir,
lässt mich nur für dich da sein.
Ich möchte dir alles geben.

Wenn ich diese Wärme spüre,
diese vertraute Wärme,
die mein Leben bereichert,
die mich schweben lässt,
ist mein Leben erfüllt,
nicht nur für diesen Augenblick,
sondern auch für die Zeit danach.

Es ergibt sich ein
immerwährender Kreislauf:

Wenn dich meine Gedanken streicheln,
ist dein Herz voll von mir,
lässt dich nur für mich da sein.
Du möchtest mir alles geben.

Wir geben uns alles,
ein Leben lang.

Geh mit mir

Hand in Hand
gehen wir unseren Weg
durch weites Land,
über Berge und Täler,
bei Regen und bei Sonnenschein,
bei Tag und bei Nacht,
durch Sturm und Wind,
lachend und weinend.
Im Verbund unserer Hände
geben wir uns Halt,
schwimmend und tauchend
im Meer unserer Träume.
Halt mich.
Ich halte dich.
Wenn du mich küsst,
geht die Sonne auf,
wandert weiter am Horizont,
wärmt uns,
stärkt unsere Liebe,
unser Verlangen eins zu sein.

In tiefem Schlaf,
eng umschlungen,
träumen wir unseren Tagtraum.

Wenn nichts mehr geht

Gestern noch hieltest du meine Hand.
Später gingst du leise fort
in ein unbekanntes Land
an einen nie erblickten Ort.

Heute sitze ich hier allein,
denke nach über die Zeit,
die wir gemeinsam verbrachten.
Einsamkeit fällt auf meine Seele.
Ich fühle deine weiche Haut,
rieche deinen vertrauten Duft,
atme ihn tief ein.

Ich sehe in deine leuchtenden Augen,
wie sie mich schelmisch anblicken.

Ich höre deine einfühlsamen Worte,
wie sie immer noch
in meinen Ohren klingen.

Ich spüre die liebende Wärme
in deinen starken Armen mit
zärtlichem Kuss.

Hand in Hand
sind wir gegangen.
Nun hast du losgelassen,
bist fortgegangen.
Du bist bei mir,
auch wenn du gegangen bist.

Ich schließe die Augen
und spüre deine Liebe
wie eh und je.

In mir klingt ein Lied

In mir klingt ein Lied
aus alten Zeiten.
Was heute geschieht,
es wird bereiten
den Weg in das Morgen,
es wär schön ohne Sorgen.

In mir klingt ein Lied
aus alten Zeiten,
ein Lied vom Glück und vom Leid.
Das Lied hält bereit
mein Gefühl für die Zeit,
die längst vergangen,
wo Hoffen und Bangen
die Gegenwart erfüllten,
die heut schon vergangene Zukunft ist.

Ach oft war es trist,
im Zentrum der Alltag,
wo Arbeit und Plag
im Mittelpunkt standen.

Oft war nicht vorhanden,
was man Glück
und Zufriedenheit nennt,
was ein jeder kennt
aus guten Wünschen.

In mir klingt ein Lied
von Sehnsucht und Glück.
Es wird sich erfüllen,
meine Sehnsucht stillen,
wenn ich daran denke,
auch andere beschenke.
Glück kommt nie zurück.
Es schreitet fort.
Am neuen Ort
werd ich es finden
und das Lied macht
mich glücklich.

Ich fühle dich

Purpurrotes Licht.
Die Lider geschlossen.
Das Licht der aufgehenden Sonne
spiegelt sich in den Fenstern
der vorbeifliegenden Häuser.

Leicht gerötet der Himmel.
Sich auflösende graublaue Wolken
zeichnen ein Bild vom Meer
mit an den Strand schlagenden Wellen.

Diese Anblicke erhasche ich,
schließe die Lider wieder.

Der Zug rattert dahin,
schaukelt mich
in Wachträume.

Ich sehe ein strahlend blaues Meer
mit einer verträumten Insel,
Palmen biegen sich darauf bizarr im Wind.

Gebannt

breite ich meine Arme aus
umfasse dich,

Spüre

deine vertraute Wärme,
deine zarten Küsse,
deine weichen Lippen.

Mein Herz schlägt schneller:

liebkosen, küssen, streicheln.

Eine Woge der Liebe
erfasst mein Herz
und lässt es nicht mehr los.
Entspannt erreiche ich mein Tagesziel.

Meine Liebste

Wenn ich an dich denke,
beginnt mein Herz
schneller zu schlagen.

Wenn ich an dich denke,
fühle ich
eine unstillbare Sehnsucht.

Wenn ich dich
in Gedanken berühre,
ist es
als ob der Himmel
voller Geigen hängt.

Die Sehnsucht findet
für einen Moment
ihre Erfüllung.

Bis sich bald
der Kreislauf
erneut einstellt:

der Kreislauf
von Sehnen,
Glück und Zufriedenheit.

Ein unstillbares
Verlangen nach
Zärtlichkeit wird
unsere Liebe
bis ans Ende
der Zeit begleiten,
ans Ende unserer Zeit
und möglicherweise
auch darüber hinaus.

Schöne Zeit

Kein Weg ist zu weit.
Schön ist die Zeit.

Strahlendes Lachen,
blitzende Augen,
kein Weg ist zu weit.

Arme weit offen,
glückliche Nähe,
kein Weg ist zu weit
für liebevolle
Zärtlichkeit.

Du

Du suchtest mich
und hattest mich gefunden.
Nichts könnte schöner sein
als dieser Traum.
Gedanken Gleichklang
hatte bald gebunden
alles von uns -
zu glauben ist es kaum.

Was bin ich mir wert
was bin ich dir wert

Ich frage mich,
"was bin ich mir wert?"

Kann und darf ich das fragen,
oder sollte ich die Frage
besser nicht stellen.

Ergibt sich die Antwort
nicht schon aus dem Handeln?

Es ist doch so,
dass jeder Mensch
ein Selbstwertgefühl hat.

Wenn ich ein ausgeprägtes
Selbstwertgefühl habe
- kein übersteigertes -,
dann ist die Beantwortung
der Frage leicht.
Das Denken und Handeln
ist im Einklang mit
der Zufriedenheit und
mit dem, was man
Glück nennt.

Ich frage mich,
"was bin ich dir wert?"

Ist mein Selbstwertgefühl nicht gut,
beurteile ich dich
und mein Gefühl für dich
auch dementsprechend schlecht,
da meine Sichtweise getrübt ist.

Seeliebe

Gedankenverloren,
auf das gleißende Wasser schauend,
sitze ich da
und träume.

Wellen schlagen ans Ufer.
In der Ferne zwei Segelboote.
Sie begegnen einander
ohne zu kollidieren.

Wellengang,
im Überschwang
meiner Gefühle
begegnet mir die
unendliche Endlichkeit.

Warm wird mir ums Herz.
Ich bin eingeschlummert
und vor mir erblühen
Vergangenheit,
Gegenwart und Zukunft.
Alles schmilzt zusammen.

Ist es die Liebe,
die meine Träume lenkt?

Am liebsten möchte ich
nicht aufwachen,
-oder doch?-
aus einem Traum,
der unwirklich wirklich ist.

Enttäuschung

Habe ich meine Erwartungen
sehr hoch gesteckt,
so kann es leicht zu
Enttäuschungen kommen.

Ent-täuschung
heißt Selbsttäuschung.
Das Bild, was ich mir
gemacht habe,
wackelt oder
fällt zusammen.

Ent-täuschung
sollte nicht mit Zorn
auf die Person einhergehen,
von der ich enttäuscht bin.
Immerhin ist es
mein eigenes Bild
von der Person,
die enttäuscht hat.

Vielleicht sollte ich
vor der Ent-täuschung
mehr auf mein Bauchgefühl
achten und die Erwartungen
erst nicht zu hoch werden lassen.

Enttäuschung macht natürlich traurig.
Aber ich sollte die veränderte Situation
zulassen, meine Einstellung dazu über-
prüfen und möglicherweise ändern.

Dann ist die Enttäuschung
nur noch halb so schlimm.

Dein Blick

Deine liebevollen Augen
schauen ganz tief
in meine Seele,
lassen mich fliegen.

Mit dir an der Hand
fliege ich weit weg
in das Traumland,
dass seine großen Tore
für uns geöffnet hat.

Immer wieder

Immer wieder geht es weiter.
Immer wieder kommt es gut.
Immer wieder sind wir heiter.
Immer wieder glüht die Glut.

Immer wieder kommt ein Anfang.
Immer wieder ist es Zeit.
Immer wieder ist die Zeit lang
bis zur letzten Ewigkeit.

Gesetzt den Fall

Gesetzt den Fall,
alle Wünsche würden sich erfüllen.
Wie langweilig.

Gesetzt den Fall,
alles klappte reibungslos,
dann hätten wir nicht gelebt.

Gesetzt den Fall,
wir hätten nie gestritten,
dann wären wir schon
vorzeitig gestorben.

Gesetzt den Fall,
unsere Liebe hätte nie stattgefunden,
dann hätte unser schönes
gemeinsames Leben nie begonnen.

Begegnung - Liebe

Schüchternes Umarmen
Seliges Schauen
Vorsichtiges Berühren
Zärtliches Streicheln
Versunkenes Lächeln
Inniger Kuss:

Liebe.

Süße Träume

Ach wie schön ist es zu träumen,
ob am Tag ob in der Nacht.
Du träumst mit mir süße Träume,
hast mir so das Glück gebracht.

Denk' den Alltag in die Träume.
Schick' die Sorgen ganz weit fort.
Träume sind nicht immer Schäume.
Sieh wir sind am selben Ort.

Augenblicke

Ich schließe die Augen und denke
an viele schöne Momente.
Ich fühle die schöne Zeit.

Ich fühle all das Schöne,
was mir ist widerfahren,
bin mir darüber im Klaren:
Eine Wiederholung ist nicht drin.

So kommt es mir in den Sinn:
Ein jeder Tag
hat schöne Augenblicke.
Ein Blick zurück tut trotzdem gut.

Ich schließe sie ein
und freue mich,
dass Vergangenheit und
Gegenwart meine Zukunft lenken
und mir noch schöne Tage schenken.

In der Stunde

In der Stunde meines Todes
lass mich nicht allein.
In der Stunde deines Todes
werd' ich bei dir sein.

Wir liegen fest umschlungen,
Mund an Mund, Herz an Herz,
bis der Tod hat ausgerungen.
Einer bleibt zurück im Schmerz.

Verständnis

Ich reich dir meine Hand.
Damit will ich sagen,
dass ich dich verstehe.
Hast du das erkannt?
Wenn ich in deine Augen sehe,
glaube ich es nicht.

Doch bedenke,
zu dir lenke
ich mein Verständnis.
Nimm es auf
oder lass es sein.
Begreifst du es nicht?
Dann kann ich uns nicht helfen!

Mein Kapitän

Mein Kapitän,
die Segel sind gesetzt,
die Anker sind gelichtet.
Mein Kapitän,
ich bin bereit
mit dir zu ziehen.

Sprich mit mir

Sprich mit mir,
bevor die Worte versiegen.
Sprich mit mir,
lass uns nicht unterkriegen.

Sprich mit mir.
Dann ist Land in Sicht.
Sprich mit mir.
Schweigend geht es nicht!

Lass gut sein

Lass gut sein.
Streng dich nicht an.
Lass die Schiffe fahren.
Den Hafen werden sie schon
von alleine finden.

Lass gut sein.
Bau keine großen Häuser.
Das können andere tun.
Sei nur Du selbst.

Lass gut sein.
Suche deinen Hafen.
Nimm ein Boot mit
starken Segeln.
Fahre mit voller Kraft.

Lass gut sein,
wenn du den Hafen
gefunden hast.

Liebe am Strand

Spielende Zehen
im rieselnden Sand.
Tiefblaues Wasser
Der Stille lauschen
Leises Plätschern
Mildes Rauschen
Hand in Hand
Verträumtes Lächeln
Nah und näher
Pochende Herzen
Wildes Verlangen:
Liebe am Strand.

Am Horizont

Siehst du den Streif am Horizont?
Es ist ein Licht in weiter Ferne.
Mehr denn als Sterne,
Sonne,
Mond
begehr ich dich.
Denk bitte nicht,
dass ich's verlerne.
Ich mag dich gerne.
Ich hab dich lieb.

Schweben - leicht wie ein Vogel

Schwebend
mit der Leichtigkeit
des Flügelschlags
hoch in der Luft

Getragen
von guten Gedanken
angenehmen Gefühlen

frei
leicht
sanft.

Einfach traumhaft

Wunderwelt der Phantasie
Selige Träume
Tiefes Glücksgefühl
Unendliche Zärtlichkeit
Gleichklang der Gefühle
Sehnsuchtsvolles Warten
Traumhafte Realität
Du und ich.

Ungesagte Worte

Ungesagte Worte
Verschämte Blicke
Berauschender Duft
Lächelndes Spiegeln
Tiefes Luft holen
Traumvolles Verinnerlichen
Wann?

In meinen Armen

In meinen Armen
halte ich das Glück.
Wir schauen uns
tief in die Augen.
Du schlingst deine Arme
um meinen Nacken.
Wir halten uns
fest und fester.
Unsere Körper sind
hingebungsvoll gespannt,
tauschen Zärtlichkeiten aus.
Berauschende Gefühle des Augenblicks.
In den wogenden Wellen eines
wahnsinnig schönen Glücksgefühls
werden wir hin und her gespült.

Bald werden wir entspannt
den zärtlichen Augenblick
in uns aufsaugen und genießen.

Unsere Herzen werden
im Gleichklang schlagen,
im Gleichklang dessen,
was man Liebe nennt.

Hoffnungslos?

Starker Wind.
Eisiges Wetter.
In rauer See
treibt das Boot.
Wellen peitschen über die Bordwand.
Wasser dringt in das Innere.
Die Segel sind heruntergezogen,
das Segeltuch zerfetzt.
Scheinbar ruhig sitzt der
Kapitän am Ruder.
Immer mehr Wasser
dringt in das kleine Boot.
Es ist aussichtslos, den rettenden
Hafen zu erreichen.
Dennoch bleibt der Kapitän
zuversichtlich.
Noch ist nichts verloren.
Die nächste Welle schon könnte
das Boot zerfetzen.
Ein Brecher lässt das Boot
wie eine Nussschale tanzen.
"Jetzt ist es vorbei",
denkt er und dennoch:
Die Hoffnung auf Rettung bleibt.

Zärtliche Gedanken

Zärtliche Gedanken
können ohne Schranken
sich in Gefühle begeben
und dort weiterleben.

Wenn du es richtig machst,
dann schwebt das Schiff
deiner Träume
in realistischen Hemisphären.

Du musst es nur richtig nähren
mit Plänen und es lenken,
dann wird es dir schenken
die Erfüllung deiner Träume.

Romantische Liebe

Das Feuer brennt.
Heiß ist die Glut.
Das Bett ist warm und weich.
Die Liebe in mir verzehrt sich in
Sehnsucht nach dir.
Romantisch der Anfang
und das Ende ist
noch lange nicht in Sicht.

Ich sehe dich II

Ich sehe dich
mit meinen Augen,
fühle dich
mit meinen Händen,
streichle deine Seele
mit meinem Herzen.

Du siehst mich
mit deinen Augen,
fühlst mich
mit deinen Händen,
streichelst meine Seele
mit deinem Herzen.

Wir begegnen einander
mit leuchtenden Augen,
pochenden Herzen,
sehnsüchtigem Verlangen.

Alles in uns bebt,
gibt dem Anderen
was eigen ist.

Wir fliegen,
schweben .

In fester Umarmung
begegnen wir
der Welt,
begegnet uns
die Welt:

zärtlich,
liebevoll,
romantisch.

Mag es auch kitschig klingen:
Es ist immer wieder
von Neuem schön,
erfüllend schön.

Kleine weiße Wolke

Am fernen Horizont
ziehen weiße Wolken vorbei
im Sonnenschein.

Im Auge des Betrachters
erscheinen sie als Wale,
zottige Riesen,
schwebende Engel.
Kindliche Fantasien
sind grenzenlos im Deuten.

Ach du kleine weiße Wolke,
du Unscheinbare,
die du kindliche
Sehnsüchte weckst:
Halt an und nimm mich
mit dir auf die Reise.

Waldeslust

Träumenden Schrittes,
tief den Duft von Maiglöckchen
und Waldmeister einatmend,
begegnen mir längst
vergessen geglaubte
Jugenderinnerungen,
lassen romantische
Sehnsuchtsgefühle
der ersten platonischen Liebe
aufblühen,
geben mir die Möglichkeit,
meine Träume in die heutige
Wirklichkeit zu transferieren
und die damals ungestillten
Sehnsüchte für heute
wieder erlebbar zu machen.
Waldeslust.

Von Meereswellen umspült

Von Meereswellen umspült,
Vom böigen Wind begleitet,
Von starken Gefühlen geleitet,
Entlang am Strand schreitend,
Begegne ich der Liebe.

auf, auf

Eingefahrene Gleise
sind auf der Reise
durch diese Welt
im Weg.

Nichts steht dem
Erleben ferner
als die Macht
der Gewohnheit.

Also auf, auf
zu neuen Ufern
und das Leben
gewinnt an Qualität.

Mein Sonnenschein

Mein Sonnenschein
lächelt mich an.
Ich bin nicht allein.
Auch ich lächle dann.

Er scheint so schön,
so warm und lieb.
Er lässt mich gehn,
wenn Schatten blieb.

Er ist mir treu.
Er gibt mir Kraft.
Er macht mich neu.
Wie er das schafft?

Mein Sonnenschein
ist immer da.
Auch wenn es regnet
ist er nah.

Dein Duft

Dein Duft verzaubert.
Er riecht nach Frühling,
nach Sommer,
nach Aufbruch,
nach Freude,
nach Geborgenheit ,
nach Ekstase,
nach Liebe.

Er riecht nach
frischem Erdenduft unmittelbar
nach einem Regenschauer,
nach Duftrosen mit
weit geöffnetem Kelch,
nach Lavendel.

Ich drücke meine
Nase an deiner Haut platt
und kann nicht genug
von deinem Duft bekommen.

Seelenverwandtschaft

An einem Tag wie jeder andere
lernte ich dich kennen,
lernte ich die Sterne zählen,
den Mond mit anderen
Augen anzuschauen,
lernte ich in die Sonne zu blinzeln.

An einem Tag wie jeder andere
war die Finsternis vorbei,
wärmte mich dein Sein,
begann für mich ein neuer Abschnitt.
Die Nacht verlor ihre Schrecken,
Ich lernte, die Nacht zu genießen.

An einem Tag wie jeder andere
warst du da,
mir ganz nah.

Aber: da irre ich mich:

Es war kein Tag wie jeder andere.
Es war ein besonderer Tag.

Der Tanz

"Der Tanz gehört dir"
so sprichst du zu mir.

Die Musik spielt auf.
Im Gleichklang der Schritt,
das Herz tanzt mit.

Mit dir im Arm,
schwebend im Raum,
wir bemerken es kaum,
als die Musik verklingt.

Wir nehmen uns an die Hand,
der liebe Band
umschließt uns fest.

Unendlich ist die Liebe

"Alles ist endlich"
sagt die Vernunft.

"Das möchte ich aber nicht"
antwortet das Gefühl.

"Schau mich an"
spricht die Zeit

"Das Schöne bleibt immer"
meint die Hoffnung

"Ich werde alles überdauern"
lacht die Liebe
und zwinkert mir zu.

Herz

Herz so klein doch Herz so groß.
Herz so warm und Herz im Schoß.
Herz so lieb und Herz so weit.
Herz mich trieb ins Herzeleid.

Herz so gut und Herz so tief.
Herz mich freut, wenn es mich rief.
Herz so stark und Herz so weich.
Herz allein und Herz so reich.

Herz mein Herz gehört ganz dir.
Herz dein Herz gehört ganz mir.
Herz so fest ans Herz gedrückt.
Herz schnell pocht und Herz entrückt.

Herz und Herz zusammen schlagen.
Herzen vereint an allen Tagen.

Weg - wie weit?

Weg so weit und Weg so lang.
Weg so frei und Weg so bang.
Weg nach Haus und Weg hinaus.
Weg ins Glück und Weg zurück.

Weg so lieb und Weg so schön.
Weg mich trieb und Weg zu gehn.
Weg ins Feuer und Weg ins Nass.
Weg so teuer und Weg so blass.

Weit ist der Weg und Weg wie weit?
Weg wie lang hab ich noch Zeit?

Die Post geht ab

In höchsten Höhen,
tiefsten Tiefen
bahnt es sich an:

Ein leises Rauschen
schwillt an
zum Brausen,
zum Tosen.

Alles wird
durcheinander
gewirbelt.

Kein Stein
bleibt
auf dem anderen.

Komm,
geh,
bleib!

Nichts geht mehr
ohne dich.

Zeit für die Liebe

Während sich
der Himmel senkt,
die Erde bebt

während ich
sehnsuchtsvoll schaue,
dem Himmel anvertraue,
dass ich dich liebe

während ich
die Augen schließe,
mein Herz ausschütte,
deinen Anblick genieße

während ich
meine Arme ausbreite -
ganz weit -
und wir uns umfassen

ist Zeit für die Liebe
bis in alle Ewigkeit.

Traum im Wind

Kraftvoll bläst er durch die Bäume.
Mit ihm wandern meine Träume
in die Höhe zu den Wolken.

Rauschend tanzt er in den Tannen,
lässt die schweren Äste schwingen,
wiegt der kahlen Birke Zweige.

Mit geschlossenen Augen hör ich,
wie er singt von schönen Zeiten,
lässt mich auf den Wolken reiten
in den Himmel zu den Sternen.

Ja, ich will I

Ich will
noch viel erleben.
Ich will
noch vieles geben.
Ich will
noch viel erhalten.
Ich will
noch viel gestalten.
Ich will
dich noch lange fühlen.
Ich will
nicht in Sorgen wühlen.
Ich will
sinnvoll leben.
Ich will
nach Höherem streben.
Ich will
noch so viel genießen,
dabei
kein Öl ins Feuer gießen.
Ich will
gefühlvoll sein,
nicht nur zum Schein.
Ja, ich will.

Wie im Himmel

Sieh nur

wie

die Wolken ziehen,
die Sonne wärmt,
der Wind den Schleier
bei Seite schiebt.

Fühl nur

wie

das Herz erglüht,
die Erde dampft,
die Sehnsucht
ungestillt bleibt.

Blinzle in die Sonne.
Erträume deine Zukunft.
Halte die guten Gefühle fest.
Drück sie fest an dich.

Ich liebe dich III

Ich liebe dich.
Mein Herz pocht.
Du hast es vermocht,
mein Denken zu lähmen.
Ich kann es nicht zähmen.
Ich liebe dich.

Ich liebe dich.
Alles dreht sich.
Ich vermag nicht
mein Fühlen zu ändern,
meine Gedanken zu lenken.
Ich liebe dich.

Nun bin ich gefangen
in meinen Gefühlen.
Aber es ist wunderschön.

Ein Wunsch

Der Abend rückt näher.
Es dämmert schon.
Die Laternen leuchten
in der schönsten Zeit
des Lebens.

Nein, ich suche
nicht vergebens
ein besonderes Licht.
Ich habe es längst gefunden.
Es leuchtet ihr Gesicht.

Viele schöne Tage
hat es schon gegeben.
Hätte ich einen Wunsch frei,
ich würde ihn bewahren
und keinen Gebrauch
davon machen.

So, wie es jetzt ist,
bin ich wunschlos glücklich.

Neues Verlieben

Angenehm warm,
die Liebste im Arm.
Es brennt wie Feuer.
Schön ist die Zeit.

Lang nicht bereit.
Doch jetzt ist sie da,
die Liebste ganz nah,
ein Wahnsinnsgefühl.

Voll Sehnsucht ein Kuss,
rauschvoller Genuss.
Soll lange noch währen.
Die Liebe bleibt.

Ja, ich will II

Hand in Hand.
Blumen verzieren den Weg,
schreiten wir
festlich gewandet:
Ja, ich will.

Hand in Hand,
eng aneinander geschmiegt,
Wange an Wange,
Brust an Brust,
Herz an Herz:
Ja, ich will.

Hand in Hand,
das Haar ergraut,
der Körper ermüdet,
das Tor weit offen:
Ja, ich will.

Und wenn du es willst,
erwarte ich dich,
wo immer es auch sein mag:
Ja, ich will.

***Der Kuss* II**

samtweich
suchend
tastend
züngelnd
säuselnd
saugend
schwebend
bebend
orkanartig
belebend
nach Erfüllung
strebend.

Ich lasse los

Nach vielem Auf und Ab
der Gedanken
lasse ich los,
an dem ich lange verkrampft
festgehalten hatte,
lasse es einfach los.

Während ich loslasse,
entdecke ich schwebend
die wunderbare Leichtigkeit
des Seins.

Ich lasse los und spüre:
alles wird gut.

Meine schöne Zeit mit dir

"Ich lass dich nicht los"
sagen wir uns immer,
wenn es schön ist.

Ich lass dich nicht los.
Wir halten uns fest,
umarmen uns.

Ich lass dich nicht los,
wenn es stürmt
und uns der kalte Wind
ins Gesicht bläst.

Ich lass dich nicht los,
wenn du gehst -
ohne mich - in ein Land,
wohin ich dir einst folge.
Meine Gedanken sind bei dir.

Sollte es anders kommen
und ich voraneile:
Ich lass dich nicht los,
obwohl du frei bist -
frei - auch ohne mich zu sein.

Meine Liebe ist immer bei dir.
Wir geben uns Halt.

Na?

Na?

Streicheleinheiten

Oh wie ist das Streicheln wichtig,
liebevoll und zärtlich gut.
Immer ist das Streicheln richtig.
Manchmal braucht es etwas Mut.
Doch dann tut es richtig gut.

Streicheln kann man mit der Hand.
Auch mit Worten ist es gut.
Wenn man es noch nicht gekannt,
geht es besser von der Hand
mit empathischem Gespür.
So erreicht man bald die Kür.

Ist wirklich schon alles gesagt?

Im All der Träume
Mondlicht umsäumt
Glasklares Sternenlicht
Weich ist das Kissen
Gedanken wandern
lassen dich und mich zurück
strömen fort
sind fern und nah zugleich.
Unmöglich ist fast nichts.
Weich gebettet in der Liebe Wärme
gibt es kein Ende.
Der Anfang ist im Ende
und das Ende im Anfang.
Niemals ist alles gesagt
oder gedacht.
Am anderen Ende scheint die Sonne,
bestrahlt den Mond
und lässt die Träume fliegen:
von mir zu dir,
von dir zu mir,
ins weiche Bett
des Universums,
ins warme Bett
der Liebe.